I ♥ my mommy !!!

I ♡ my mommy !!!

I ♥ my mommy !!!

I ♥ my mommy!!!

I ♥ my mommy !!!

I ♥ my mommy !!!

I ♥ my mommy !!!

I ♥ my mommy !!!

I ♥ my mommy !!!

I ♥ my mommy !!!

I ♥ my mommy!!!

I ♡ my mommy !!!

I ♥ my mommy !!!

I ♥ my mommy !!!

I ♥ my mommy !!!

I ♥ my mommy !!!

I ♥ my mommy!!!

I ♥ my mommy !!!

I ♡ my
mommy !!!

I ♥ my
mommy !!!

I ♥ my
mommy !!!

I ♡ my mommy!!!

I ♡ my mommy !!!

I ♥ my mommy !!!

I ♥ my mommy !!!

I ♥ my mommy !!!

I ♥ my mommy !!!

I ♡ my mommy !!!

I ♥ my mommy!!!

I ♥ my mommy!!!

I ♥ my mommy !!!

I ♥ my mommy !!!

I ♥ my mommy !!!

I ♡ my mommy !!!

I ♥ my mommy!!!

I ♥ my mommy !!!

I ♥ my mommy!!!

I ♥ my mommy !!!

I ♥ my mommy !!!

I ♥ my mommy !!!

I ♥ my mommy !!!

I ♥ my mommy !!!

I ♥ my mommy !!!

I ♥ my mommy!!!

I ♥ my mommy !!!

I ♥ my mommy !!!

I ♥ my mommy !!!

I ♥ my mommy !!!

I ♥ my mommy !!!

I ♥ my
mommy !!!

I ♡ my mommy !!!

I ♥ my mommy !!!

I ♥ my mommy !!!

I ♥ my mommy !!!

I ♥ my mommy!!!

I ♡ my mommy !!!

I ♥ my mommy !!!

I ♥ my mommy !!!

I ♥ my mommy !!!

I ♥ my mommy !!!

www.ingramcontent.com/pod-product-compliance
Lightning Source LLC
LaVergne TN
LVHW071059281224
800074LV00045B/2290